Leinfelden-Echterdingen

Uwe J. Reinhardt
Thomas Linse

Mit Fotografien von Hans-Jürgen Fuchs u. a.

DRW-Verlag

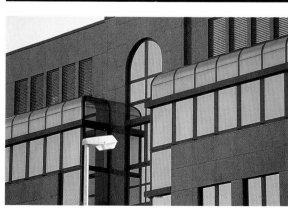

Wer in Leinfelden-Echterdingen wohnt, der weiß, was er an der Stadt hat: Einen hohen Freizeitwert, hervorragende Verkehrsanbindungen, hochwertige Arbeitsplätze, ein modernes kulturelles Leben und traditionelle Vielfalt.

Neunzig Prozent unserer 35 000 Einwohner leben – wie eine repräsentative Umfrage ergab – gerne bis sehr gerne in ihrer, in unserer Großen Kreisstadt Leinfelden-Echterdingen. Die einzelnen Stadtteile sind nach der Gemeindereform mehr und mehr zusammengewachsen, ohne daß deshalb ihre liebenswerten charakteristischen Eigenschaften verlorengegangen wären. Nicht aber jeder kennt jeden Winkel in der Stadt, und so gibt es für Einheimische wie für Besucher immer wieder Neues zu entdecken. Nicht ohne Stolz stellen wir unsere Stadt und ihre Besonderheiten vor, denn aus diesen unverwechselbaren Eigenheiten erwächst jenes Gefühl der

Heimatverbundenheit, aus dem ein stabiles und lebendiges bürgerschaftliches Leben entspringt.

Der vorliegende Band ist mehr als ein herkömmliches Heimatbuch. Die Idee reicht weiter, als Vergangenheit und Gegenwart zu dokumentieren. Wer dieses Buch zur Hand nimmt, der soll sich ein Bild von unserer Stadt machen können, selbst dann, wenn er sie persönlich noch nicht gesehen, noch nicht erlebt hat.

In der gelungenen Komposition der rund 350 Fotos spiegelt sich die liebenswerte Vielfalt unserer Stadt wider. Der Blick in das Buch läßt die typischen Besonderheiten der reizvollen landschaftlichen Umgebung ebenso wie die historische und moderne Architektur unseres Stadtbildes erlebbar werden. Das Leitmotiv dieses Bildbandes sind jedoch die Menschen, denn sie erst lassen unsere Stadt lebendig werden. Und so strahlt auch dieses Stadtbuch die sympathische

Vitalität aus, die das bürgerschaftliche Leben in Leinfelden-Echterdingen kennzeichnet.

Erstmals nach der Stadtgründung 1975 präsentiert sich die Große Kreisstadt Leinfelden-Echterdingen insgesamt in einem Band, der seine Aussagen mehr aus den Bildern als aus den Texten schöpfen will.

Unser Dank gilt dem DRW-Verlag, den Autoren, Fotografen und Bildleihgebern. Diese Impressionen aus Leinfelden-Echterdingen mögen dazu beitragen, unsere liebenswerte Heimatstadt allen auswärtigen Freunden und Gästen näherzubringen und unsere Bürgerinnen und Bürger mit Freude, Stolz und Verbundenheit zu erfüllen.

Ihr

Wolfgang Fischer
Oberbürgermeister

Bürgerbeteiligung wird in der Stadt großgeschrieben.
Historisches und Modernes stehen nebeneinander.
Oben links: Die neugestaltete Umgebung des Stadtbrunnens in Leinfelden.
Unten: Spielszene vom Stadtfest 1988.

Die Stadt von oben

Die große Kreisstadt Leinfelden-
Echterdingen aus der Vogel-
perspektive: Leinfelden und Unteraichen (Mitte), Echterdingen mit
dem Flughafen (oben), Stetten
(rechts oben), Oberaichen mit der
Autobahn, der Stadtgrenze und
Musberg (unten rechts).

Vier Dörfer
auf den Fildern

Die Filderebene mit ihren fruchtbaren Böden war wohl schon vor über 2000 Jahren in der Römerzeit besiedelt. Die Alemannen gründeten Echterdingen, die Endung des Ortsnamens auf »-ingen« weist heute noch darauf hin. Die »Riesenschanze« südwestlich von Echterdingen, vermutlich eine ehemalige Kultstätte mit gewaltigen Grabhügeln, gibt noch heute Zeugnis vom keltischen Einfluß.

Beim heiter Beschaulichen blieb es im Verlaufe der Jahrhunderte keinesfalls, allein der 30jährige Krieg riß schwere Wunden in die Dörfer. Plünderungen und Brandschatzungen, Hungersnöte und die Pest hinterließen traurige Spuren auf den Fildern.

Die ersten urkundlichen Erwähnungen reichen bis ins 12. Jahrhundert zurück. Echterdingen wird 1185 zum ersten Mal, Musberg und Stetten in einer päpstlichen Urkunde von 1229 und Leinfelden 1269 erwähnt. Noch heute gibt es auch bauliche

Spuren der Vergangenheit – das im 16. Jahrhundert begonnene Echterdinger Rathaus, das benachbarte barocke Pfarrhaus, oder das Musberger Pfarrhaus, in dessen Fundament sich spätmittelalterliche Schießscharten finden.

Über lange Jahrhunderte erreichen uns fast nur Berichte über die wechseln-

den Besitzverhältnisse – über das tatsächliche Leben auf den Fildern erfahren wir recht wenig. Erst mit der Reformation und der weiten Verbreitung humanistischen Denkens gab es auch eine Umorientierung des bäuerlichen Lebens.

Angebaut wurden Getreide, Flachs und das Filderkraut. Vom Flachsanbau und der

Die frühere Kapelle in Weidach an der Ecke Leinfelder Straße und Solweg.

Bis 1938 stand die Wallfahrtskapelle, die schon im 15. Jahrhundert erwähnt wird und vermutlich auf eine Stiftung der Echterdinger Kirche zurückgeht. Ihr Glöcklein wurde noch im vorigen Jahrhundert bei Beerdigungen geläutet.

Die Tracht der Filderbauern. Sie entstand um die Mitte des 19. Jahrhunderts und wird von einem Trachtenverein noch heute gepflegt. »Württembergische Landsleute von den Fildern« sind die Farblithographien vom Ausgang des letzten Jahrhunderts betitelt.

Herstellung des Leinens zeugt etwa noch der Name Leinfeldens – oder die Weberhäuschen der Kleinlandwirte. Mit zunehmender Industrialisierung starb dieser Berufszweig aber aus. Das spitze Filderkraut geht, so die Vermutung, auf eine Züchtung vor etwa 400 Jahren im Klosterhof zu Nellingen zurück und war durch die umherziehenden Filderbauern in aller Munde. Erst in neuerer Zeit wurde das spitze Filderkraut mit der Mechanisierung der Krautverarbeitung fast verdrängt – bis die Bevölkerung die Bedeutung der spitzen Krautköpfe wieder entdeckte – es schmeckt einfach besser! Im 18. und 19. Jahrhundert war es deshalb auch begehrte Handelsware – wie neuerdings wieder, dank dem alljährlichen Filderkrautfest.

Trotz idyllischer Ansichten der dörflichen Welt wanderten viele Bürger von den Fildern aus – die schlimmen Hungerjahre eingangs des 19. Jahrhunderts vertrieben die Hoffnungslosen – nach Amerika. Erst mit dem Bau der Filderbahn, ab 1897, von Möhringen nach Bernhausen und Neuhausen, begann die Entwicklung zu dem modernen Gemeinwesen, das Leinfelden-Echterdingen heute ist.

Genützt wurde aber auch der Sandstein und die reichen Lehmvorkommen in Echterdingen, Unteraichen und Musberg. Schon 1524 wird von den Musberger Zieglern berichtet. Dort war auch eine größere Häfnerzunft angesiedelt, mittelalterliche Funde bezeugen dies. In Musberg, arm an landwirtschaftlich nutzbaren Böden, dominierte bis zum Ende des 16. Jahrhunderts die Schafhaltung.

Mit der Anbindung an die Eisenbahnlinien wurden die halbwegs verträumten Bauerndörfer zunehmend selbst Standorte für Handel und Industrie. In den 20er und 30er Jahren unseres Jahrhunderts siedelten sich erste größere Firmen in den Orten an. Die ehemaligen Bauern arbeiteten nun immer mehr in den Fabriken, betrieben die Landwirtschaft nur noch nebenher. An frühere Gewerbe erinnern noch einzelne Reste handwerklicher Tradition, die Musberger Besenbinder etwa. Schwere Zerstörungen hinterließen die alliierten Luftangriffe 1942 und 1944. Nach 1945 nahm die Bevölkerungszahl explosionsartig zu, viele Heimatvertriebene kamen in die Filderdörfer, wurden integriert.

Noch heute sind die Ortsbilder aller Fildergemeinden teilweise dörflich geprägt.
Unten: Der typische Filderbauer in seiner Tracht, mit der er im letzten Jahrhundert auch zur Ernte des berühmten Spitzkrauts auf die Felder fuhr.

In Stetten war dieser idyllische Winkel. Auf dem Bild sieht man rechts die alte Zehntscheuer, die 1959 abgebrannt ist. Heute führt hier die Echterdinger Straße vorbei.

Idyllisch präsentierte sich auch das kleine Oberaichen, das in unserem Jahrhundert zum Wohn- und Arbeitsort vieler Künstler wurde.

Grüße aus Echterdingen waren beliebt. Im Gasthaus »Hirsch«, seit 1772 auch Posthalterei an der Schweizer Straße von der Residenz Stuttgart zur Landesuniversität Tübingen, stiegen die Reisenden gerne zu einem Glas Most ab. Im November 1797 fand sich sogar Goethe unter den Gästen.

Ein Gasthaus mit Gartenwirtschaft »Zum Rößle« betrieb die Familie Staiger in Unteraichen. Das Bild stammt von 1905, das Gasthaus steht wie der »Hirsch« zu Echterdingen noch heute.

Echterdinger Spinnerinnen mit ihren Männern in der Fildertracht.

Michel Ott, hier eine Gedenkmünze, war kaiserlicher Generalzeugmeister in der österreichischen Armee und stammte aus einer nach Österreich ausgewanderten Linie der Herren von Echterdingen. Er galt als einer der fähigsten Artilleristen in Bauernkriegszeiten.

In früherer Zeit war Musberg auch ein Dorf der Schäfer. Noch heute zeugt die »Hohe Warte«, ein Streuobstwiesengebiet im Schönbuch südlich des Ortes davon: Im ehemals herzoglichen Forst durften die Musberger eine Schafweide abholzen. Vom Musberger Kirchplatz zieht ein Schäfer mit seiner Herde am Pfarrhaus vorbei.

Unten ein Erntewagen von den Fildern mit Echterdinger Bauern, allesamt in der Sonntagstracht.

Das alte Fachwerkhaus stand in Musberg und war eines der schönsten Zeugnisse dieser Baukunst auf den Fildern: Das »Lorentz-Haus« gegenüber der Kirche. Dieses Gebäude aus dem 17. Jahrhundert stand schon vor über 100 Jahren unter Denkmalschutz und wurde 1944 durch Bomben völlig zerstört. Zeichnung aus dem Jahre 1890.

Die um 1830 entstandene Litho-
graphie von Franz Schnorr zeigt
Echterdingen, den Hauptort der
Filder, von Südwesten. Der Zeich-
ner stand vermutlich am Kelter-
rain, etwa bei der Schillerlinde.
Zu sehen sind auch der alte Kirch-
turm und das Rathaus.

Philipp Matthäus Hahn
1739–1790

Einziges Portrait P.M.Hahns.
Bleistiftzeichnung von Johann
Philipp Weisbrod, 1773.

Unten die Sonnenuhr an der
Echterdinger Kirche.

Berühmter Sohn Echterdingens ist der Pfarrer und Tüftler Philipp Matthäus Hahn. Er wurde als Sohn eines evangelischen Pfarrers in Scharnhausen, ein paar Kilometer weiter östlich auf den Fildern, 1739 geboren.
Er wuchs im Spannungsfeld einer neuen, mit den Naturwissenschaften spekulativ verbundenen Theologie auf und fühlte sich zum Pfarramt berufen.
Auf der anderen Seite studierte er schon von Jugend an intensiv die verschiedensten Naturphänomene und interessierte sich besonders für astronomische, mechanische und metallurgische Probleme. So wurde er zu einer Persönlichkeit, die durch ihr Wirken nicht nur die zeitgenössische Theologie und den württembergischen Pietismus mitprägte, sondern auch für die praktische Anwendung naturwissenschaftlicher Erkenntnisse zukunftsweisende Impulse gab.
Er widmete sich in seinen Pfarrstellen in Onstmettingen, Kornwestheim – wo ihn sogar Goethe besuchte – und Echterdingen der Konstruktion von Waagen, Rechenmaschinen, Taschen-, Groß- sowie Sonnenuhren und Planetarien. Seine Werkstätten waren die Keimzelle der feinmechanischen, insbesondere der Waagenindustrie auf der Balinger Alb.
Hahns Arbeit im technisch-wissenschaftlichen Bereich würde man heute wohl als die eines Ingenieurs bezeichnen. Sie stand in seinem eigenen Selbstverständnis hinter der theologischen und seelsorgerischen Tätigkeit, aus der mehr als ein halbes Dutzend theologischer Bücher hervorgingen, darunter eine Bibelübersetzung und ein Predigtbuch.
Von 1781 bis 1790 lebte und arbeitete Hahn als Pfarrer im Echterdinger Pfarrhaus.

Die astronomischen Uhren Hahns sind Kostbarkeiten seiner Kunst als Mechanicus: Hier eine Globusuhr von 1770 mit Himmelsglobus und Sonne, Mond, Venus, Mondknoten, darunter die Mondphasen, Hauptzifferblatt, Monats- und Wochentage, Tellurium mit Mondphasen und Erdrotation; Planetarium nach Kopernikus, Sonne, Merkur, Venus, Erde/Mond, Mars, Jupiter, Saturn.

Blick in eine Vitrine der Echterdinger Hahn-Ausstellung zum 200. Todestag mit feinmechanischen Geräten.

Zeit seines Lebens erfreute sich Hahn der Förderung des württembergischen Landesherren Carl Eugen und dessen Gattin, Franziska von Hohenheim, die vom dortigen Schloß oft nach Echterdingen kamen.

Beachtliche Zeugnisse des Wirkens von Philipp Matthäus Hahn in Echterdingen sind seine »Echterdinger Tagebücher«, die ihn als zwiespältige Persönlichkeit zeigen, und das 1989 entdeckte »Echterdinger Verkündbuch«, in dem der Pfarrer Hahn seine Abkündigungen an die Gemeinde eingetragen hat. Hahn hat Echterdingen im Grunde bis heute lebendig geprägt. Die große Jubiläumsausstellung zu Hahns 250. Geburtstag (1989) und seinem 200. Todestag (2. Mai 1990) gab einen Einblick in Leben und Werk des Theologen und Erfinders, des Mechanikers und Konstrukteurs – ein Gedächtnisweg führte an die Orte seines Wirkens.

Philipp Matthäus Hahn gilt – noch mehr im Ausland – als der berühmte Sohn der Filder. Der Ruf seiner astronomischen Maschinen und Uhren drang in alle Welt. Er ist fast der »Urvater des Computers«, dessen Leben inzwischen in einer umfangreichen Schriftenreihe dokumentiert worden ist. Im Heimatmuseum ist eine Uhrmacherwerkstatt aus Hahns Zeit zu sehen.

Christian Daniel Friedrich Schubart schrieb nach Hahns Tod 1790: »Wäre er ein Brite gewesen, so würde längst sein Name von Pol zu Pol erschollen sein.«.

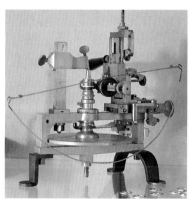

Himmelsglobus der
»Ludwigsburger« Weltmaschine
von 1768/69,
für Herzog Carl Eugen angefertigt.

Lavierte Federzeichnung der beiden
Globen einer Doppelglobusuhr,
Originalzeichnung von P.M.Hahn.

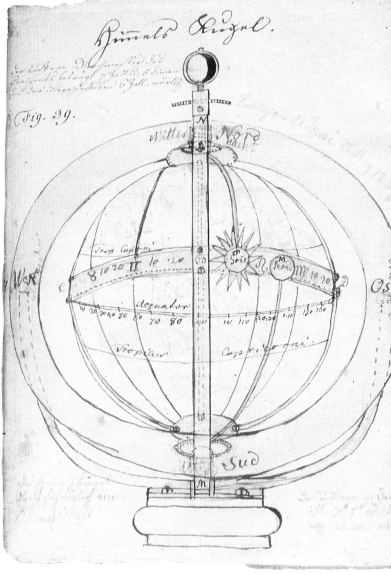

Links: Die Echterdinger Taschenuhr von 1785.

Hahn starb in Echterdingen am 2. Mai 1790 im Alter von 50 Jahren. Der Ort der Grabstelle wurde aus alten Unterlagen und mündlicher Überlieferung rekonstruiert.

Die ehemalige Echterdinger Kirchturmuhr steht völlig restauriert seit 1986 in einem sicheren Glaskasten vor dem Heimatmuseum. Mit großem Respekt schauen viele Passanten auf das Meisterstück – das Jahrhunderte alte Uhrwerk geht auch heute noch immer auf die Minute genau.

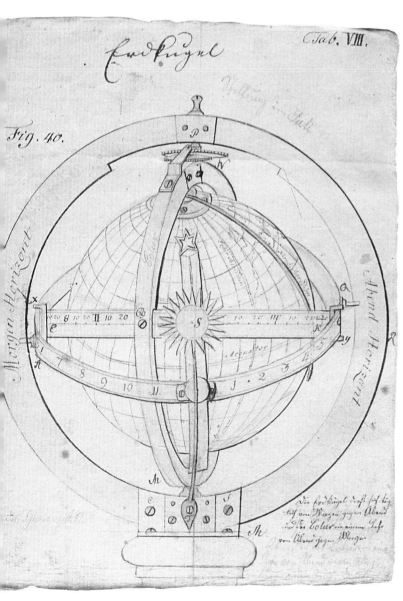

Mit dem Luftschiff:
Graf Zeppelin in
Echterdingen

Am Morgen des 5. August 1908
landete das Luftschiff »LZ 4« mit
dem Grafen Zeppelin zum ersten
Mal auf festem Boden. Es war
136 Meter lang und hatte 16 Mann
Besatzung.

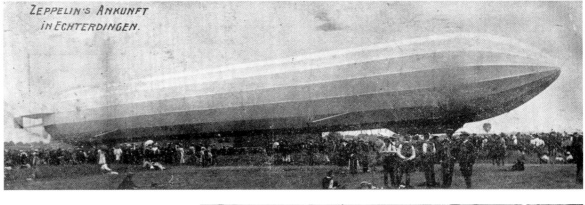

In den frühen Morgenstunden des 5. August 1908 tauchte der »Zeppelin« über den Dächern Echterdingens auf. Wegen eines Motorschadens landete der »Eroberer der Lüfte« »5 Minuten hinter Echterdingen«. Von Stuttgart wurden sofort zwei Kompanien Soldaten des Grenadier-Regiments »Königin Olga« sowie Dragoner herbeordert, zum Halten des Luftschiffs und Absperren der zahlreich herbeigeeilten Neugierigen. Aus der Residenz Stuttgart wurden Reporter im Automobil an den Schauplatz auf der Filder entsandt, Extrameldungen überschlugen sich und machten Echterdingen in aller Welt bekannt. Graf Zeppelin logierte im »Hirsch«, während man auf Monteure und Ersatzgas wartete. Alles war in Volksfeststimmung. Eine viertausendköpfige Menge bestaunte das Luftschiff »LZ 4«.

Am Nachmittag erfaßte eine Gewitter-Sturmbö das Luftschiff und riß es aus der Verankerung hoch in die Luft. Eine Stichflamme schlug aus

dem Inneren und in wenigen Sekunden verbrannte der mit 15 200 Kubikmeter Wasserstoff gefüllte Ballon vor den Augen der entsetzten Menge. Übrig blieben nur rauchende Gerippetrümmer. Die Kunde von dem Unglück verbreitete sich über Telegraf und Telefone in alle Welt.

Die Echterdinger widmeten der ersten Landung eines Zeppelins und der Katastrophe später ein Ehrenmal: den Zeppelinstein. Der 300 Zentner schwere Sandsteinblock war aus dem Abhang der Federlesmahd, dem Gemeindesteinbruch gebrochen worden. Mit einem Zwölfergespann zog man den Stein durch die Hauptstraße.

Tausende Zuschauer riefen spontan zu einer Sammlung für den Grafen Zeppelin auf, als er nach dem Unglück das Gasthaus »Hirsch« verließ.

Einweihung des Zeppelinsteins am 24. Oktober 1908.

Leinfelden-Echterdingen:
Die Stadt
auf den Fildern

Leinfelden-Echterdingen, die Große Kreisstadt direkt an der Südwestgrenze der Landeshauptstadt Stuttgart, präsentiert sich charakterreich und umweltbewußt als die grüne Alternative zur Großstadt. Wohnmöglichkeiten in freizeitträchtiger Umgebung, zahlreiche moderne Arbeitsplätze und eine Vielzahl kultureller Aktivitäten bestimmen das Leben in der Stadt, die es genau genommen vor zwei Jahrzehnten noch gar nicht gab. Erst die Gemeindereform in den siebziger Jahren hat die Stadt mit dem Doppelnamen zuwege gebracht. Die vier Gemeinden Echterdingen, Leinfelden (mit Ober- und Unteraichen), Musberg und Stetten wurden am 1. Januar 1975 unter einem kommunalen Dach zur Stadt Leinfelden-Echterdingen zusammengeschlossen. Im Juli 1976 wurde sie dann zur Großen Kreisstadt erhoben. Heute fügt sich das gewachsene Leben der vier Gemeinden zu einem kulturellen und wirtschaftlichen Mittel-

punkt auf den Fildern zusammen. 1988 lebten ca. 35 500 Bürger in der Stadt, darunter ca. 3 700 Ausländer. Die Markungsfläche der Großen Kreisstadt umfaßt an die 3 000 Hektar. Auf landwirtschaftliche Flächen und Wald entfallen dabei fast zwei Drittel der Fläche. Der höchste Punkt ist die »Riesenschanze«, die keltische Viereckanlage, mit 495 Metern über NN, der tiefste Punkt liegt bei der Schlößlesmühle im Siebenmühlental: 342 Meter über NN.

Der kommunalpolitische Schwerpunkt für die Zukunft ist eine umfassende, langfristig angelegte Stadtentwicklungsplanung über das Jahr 2000 hinaus. Mit dem Kursbuch »Heimat im Jahr 2000 – Leinfelden-Echterdingen«, einem in dieser Form einmaligen Stadtentwicklungsgutachten, erfährt der Bürger, was er in seiner Stadt heute und in Zukunft zu erwarten hat. Wirtschaftliche Belange mit dem Schutz der natürlichen Lebensgrundlagen zu vereinbaren, ist ein Grundgedanke der Planung: »Leben und Arbeiten im Grünen« ist das Leitmotiv dieses kommunalpolitischen Ansatzes. Durch eine gleichmäßige Entwicklung aller vier Stadtteile will die Stadt allen Bürgern gleiche Lebensqualität und damit kulturelles, gesellschaftliches und sportliches, nicht jedoch bauliches Zusammenwachsen sichern. Wichtiges Planungsziel war deshalb, jeweils eine attraktive Ortsmitte in jedem Stadtteil zu realisieren.

Die Lage der Großen Kreisstadt
im Mittleren Neckarraum.

Planungsmodell für die neue Ortsmitte
Leinfelden mit Stadtbibliothek,
Volkshochschule, Seniorentreff
und Geschäften.

Die 1989 in Betrieb genommene
S-Bahn-Linie bietet beste Nahver-
kehrsverbindungen zur gesamten
Region; im ersten Bauabschnitt bis
zur Haltestelle Oberaichen.
Ab 1993 wird die S-Bahn über die
Bahnhöfe Leinfelden und Echterdingen zum Landesflughafen fahren.

Dieses Angebot wird durch eine
Stadtbahn-Linie, verschiedene Bus-
linien und den Stadtbus, der auch
alle vier Stadtteile verbindet, er-
gänzt.

Die S-Bahn-Haltestelle Oberaichen begeistert durch ihre städtebaulich attraktive und funktionelle Gestaltung.

Öffentliche Nahverkehrsmittel stellen in Leinfelden-Echterdingen eine sinnvolle Alternative zum Auto dar.

Auch der Ausbau des Radwegnetzes ist Bestandteil im Verkehrskonzept der Stadt.

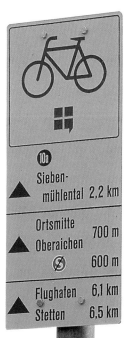

Stadtteil
Leinfelden

Leinfelden mit den Ortsteilen
Ober- und Unteraichen ist nicht
nur Sitz bedeutender Firmen,
sondern auch der größte der vier
Stadtteile.
Oben: Rathaus und Marktplatz
Unten: Wohngebiet Manosquer
Straße, Brunnen in Oberaichen

Stadtteil Echterdingen

Echterdingen war seit Jahrhunderten die bedeutendste Pfarrei in Württemberg (unten rechts: Die Kirche) und zeigt noch heute seine reiche historische Vergangenheit, besonders im alten Ortskern.
Unten links: Das Rathaus.
Heute bietet Echterdingen vor allem zentrale Einkaufsmöglichkeiten und ist Gewerbestandort.
Auf der Gemarkung Echterdingen liegt der Landesflughafen Stuttgart.

Stadtteil
Musberg

Musberg ist beliebter Wohnort am
Eingang des Siebenmühlentales
und liegt an der Nahtstelle von
Schönbuch und Filderebene.
Unten rechts: Die Dreifaltigkeits-
kirche mit dem kürzlich restaurierten Kirchenschiff (unten links),
die erste nach der Reformation
gegründete Pfarrei in Württemberg.
Oben: Das alte Rathaus – heute
kultureller Treffpunkt.

Stadtteil
Stetten

Aus den drei früheren Weilern
Stetten, Hof und Weidach ist ein
reizvoll am Hang gelegener Stadtteil erwachsen, über die Grenzen
hinaus bekannt durch das Naturtheater »Unter den Kuppeln«.
Unten links: Das Rathaus,
Mitte: Blick nach Echterdingen.

Modernes Wohnen im Grünen

Wohnen in Leinfelden-Echterdingen ist gefragt. Leben und arbeiten im Grünen ist einer der Leitgedanken für kommunalpolitische Entscheidungen. Interessante Wohnarchitektur bestimmt das Stadtbild.
Oben rechts: Wohnhaus fast im provenzalischen Stil. Unten links: Die »Bergäcker« in Oberaichen. Unten rechts: Stadtgärtner im Einsatz für den Umweltschutz. Renaturierung eines Bachlaufes.

Leinfelden-Echterdingen hat zu
Recht den Ruf, eine Gartenstadt zu
sein.
Unten: Einweihung des neugestal-
teten Stadtparkes bei der Filderhalle, der auch Ort zahlreicher
Feste ist.

Die Stadt hat eine gut ausgebildete Feuerwehr – Sicherheit wird groß geschrieben. Vier Abteilungswehren sind ständig einsatzbereit. Unten: Die Feuerwehrgerätehäuser in Leinfelden und Echterdingen. Feuerwehrmänner bei einer Rettungsübung und beim anschließenden »Durstlöschen«.

Rechts: Bürger im Gespräch
Unten: Der Gemeinderat in einer Sitzung

Dicht an der Natur:
Filderfelder
und Schönbuchwälder

Leinfelden-Echterdingen liegt landschaftlich reizvoll inmitten von Feldern, Wald und Streuobstwiesen. Filder, Schönbuch und Siebenmühlental prägen die Stadt. Eine der kommunalen Aufgaben für die Zukunft ist das Bewahren der natürlichen Lebensgrundlagen und ein verantwortungsvoller Umgang mit der Umwelt.

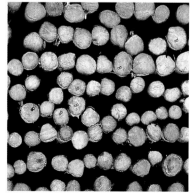

Inmitten moderner Umgebung haben sich zahlreiche idyllische Winkel erhalten.

Gut markierte Wanderwege ermöglichen reizvolle Ausflüge in die Natur.

Im Winter gibt es neben zahlreichen Rodelhängen sogar einen kleinen Skihang mit Lift im Stadtteil Musberg, den »Piz Mus«.

Mehr als sieben Mühlen:
Das Siebenmühlental

Die nach dem Brand von 1723
wieder aufgebaute Obere Mühle
mit dem Barockgiebel; dahinter
der »Piz Mus«.

Beliebtes Ausflugsziel mit Café ist
die Eselsmühle, in der das traditionsreiche Gmelin-Holzofenbrot
gebacken wird. In einem kleinen
Museum befindet sich auch eine
bemerkenswert schöne Fossilien-
und Mineraliensammlung.

Insgesamt elf Mühlen finden
sich seit Jahrhunderten im
Siebenmühlental. Zwar
liegen nicht alle auf der
Gemarkung von Leinfelden-
Echterdingen, Bedeutung als
wunderschöne Ausflugsziele
haben sie allemal. Beschau-
lich liegen nicht nur die
Obere Mühle im Reichen-
bachtal und die Eselsmühle
mit noch aktivem Mühlrad
und einer weit bekannten
Bäckerei, sondern auch die
Mäulesmühle, die in den
letzten Jahren aufwendig
restauriert wurde.
Der Name »Siebenmühlental«
stammt aus dem 19. Jahrhundert. Heute stehen noch die
Seebrücken-Mühle, die
Schlechtsmühle, die Schlößlesmühle, die Walzenmühle,
die Kochenmühle und nicht
mehr auf der Gemarkung der
Stadt die Untere und Obere
Kleinmichelesmühle und die
Burkhardtsmühle.
Vorbei an den Mühlen führt
von Musberg aus der
Bundeswanderweg auf der
ehemaligen Trasse der
Dampf-Eisenbahn nach
Waldenbuch.

Die Mäulesmühle ist im ganzen Land durch die »Theaterscheuer« bekannt geworden, in der »Komedescheuer« werden schwäbische Mundartstücke aufgeführt.
Im restaurierten Haupthaus gibt es das Mühlenmuseum mit erhaltenem Mahlwerk, ein Café und die Kleinkunstbühne »Mühlenbrettl«.

Lebendige Traditionen: Filderkraut und Deien

Traditionell sind alle vier Stadtteile von der Landwirtschaft geprägt. Im Echterdinger Backhaus werden nach überliefertem Rezept die berühmten »Deien« gebacken.

Aus den Äpfeln der Streuobst-
wiesen wird meist Most gepreßt.
Der Echterdinger Trachtenverein
pflegt die bäuerliche Tracht.
Wochenmarkt vor historischer
Kulisse in Echterdingen.

»Ein wohlgebaut heiter Dorf«

800 Jahre Echterdingen

Als Johann Wolfgang von Goethe am 7. September 1797 auf der alten Schweizer Poststraße von Stuttgart nach Tübingen fuhr, notierte er in seinem Tagebuch: »Auf der Höhe schöne Allee von Obstbäumen. Weite Aussicht nach den Neckarbergen. Fruchtbau. Auf und ab durch Fruchtbau und Wald in der Nähe. Echterdingen, ein wohlgebaut, heiter Dorf.«

»Ein wohlgebaut heiter Dorf« –
unter diesem Motto feierte 1985
ganz Echterdingen mit einem historischen Festzug, einem Heimatspiel
um das alte Rathaus und
dem Gedenken an Pfarrer Philipp
Matthäus Hahn und seinen
Herzog Carl Eugen.
Im Heimatmuseum sind viele historische Zeugnisse zu sehen.

Filderkraut

Die Besonderheit der Filderland-
wirtschaft ist der Anbau des Spitz-
krautes. Noch immer wird das
Kraut sorgfältig von Hand geerntet.

Jedes Jahr engagiert sich die ganze Stadt mit ihren Bürgern und Vereinen beim alljährlich im Herbst stattfindenden Krautfest. Zahlreiche Gäste kommen wegen Krautkuchen, Most und anderen Filderspezialitäten. Zwei Tage lang feiert die Stadt im Zeichen des Filderkrauts.

Szenen vom Filderkrautfest mit Krauthobelwettbewerb (oben links) und Krautstaffette (unten links). Tausende Bürger und Gäste schauen zu.

Gasthäuser

Auch die Gastronomie hat eine lange Geschichte. Zahlreiche Gaststätten, Restaurants und Cafés laden zum Verweilen ein. Den Sommer über sitzt es sich gemütlich in schattigen Biergärten.

Eine Stadt feiert

Hier versteht man Feste zu feiern. Das ganze Jahr über gibt es zahlreiche Anlässe für gemeinsame Fröhlichkeit, die stets viele Gäste aus der näheren und weiteren Umgebung anziehen. Auch die ausländischen Mitbürger bereichern die Feste mit typischen Spezialitäten aus ihrer Heimat.

Eine Besonderheit sind die schwäbischen »Hocketsen« bei denen sich viele Vereine engagieren.

Unten: Bilder von einem der großen Stadtfeste. Am Stadtspiel nahmen auch Mannschaften der Nachbarstädte und aus der französischen Partnerstadt Manosque teil: ein »Spiel ohne Grenzen« für gute Nachbarschaft.

Unten links: Am 11.11. erstürmen die Gardemädchen der Karnevalsgesellschaft »Die Filderer« das Rathaus.

BÖREK

Marathon und Boule: Sport in Leinfelden-Echterdingen

Leinfelden-Echterdingen ist eine sportliche Stadt: für die Aktiven aus Vereinen, Schulen und sonstigen Organisationen gibt es ein außergewöhnliches Angebot an städtischen und vereinseigenen Sportstätten. Zahlreiche moderne Wettkampfanlagen, Sporthallen, Tennisanlagen, Reit- und Schieß-anlagen, Tennisplätze und Bolzplätze stehen Freizeit- und Leistungssportlern gleichermaßen zur Verfügung. Das moderne Ozon-Hallenbad in Echterdingen und das auch in der warmen Jahreszeit gut besuchte Gartenhallenbad in Leinfelden bieten sportliche Erholung und Freizeitspaß.

Über das ganze Jahr werden den interessierten Bürgern zahlreiche, zum Teil hochkarätige Wettkämpfe und Sportveranstaltungen geboten. Eine Besonderheit sind die seit 1979 alljährlich im Herbst stattfindenden Boule-Stadtmeisterschaften um den Wanderpokal der französischen Partnerstadt Manosque. Auch der »Schönbuch-Marathon« ist ein Sportereignis, das jedes Jahr große Beachtung findet.

Links und großes Bild: Zweck-
mäßig und modern wurde das
neue Sportzentrum in Stetten
gestaltet.
1989 erhielt die Tribüne im
Leinfeldener Stadion eine Über-
dachung.

Um auch in Zukunft ein breitge-
fächertes und zeitgemäßes Sport-
angebot bieten zu können, wurden
von der Stadt Sportförderricht-
linien verabschiedet, die zu Recht
zu den vorbildlichsten im Land
gezählt werden.

Jugendhaus AREAL

Seit mehr als zehn Jahren gibt es in Leinfelden-Echterdingen das Jugendhaus »AREAL«. Ziel der Kultureinrichtung ist ein reichhaltiges und vielfältiges Angebot für Kinder, Jugendliche und Erwachsene als Alternative zur kommerziellen Freizeitindustrie.

Ein eigenes Café, in dem auch Ausstellungen zu sehen sind, dient als Treffpunkt. Kreativität, Kunst, Musik, Theater und Spiel stehen im Mittelpunkt. Verschiedene Werkstätten und entsprechende Betreuung ergänzen das Angebot. Im Veranstaltungskalender findet man Discos ebenso wie Konzerte und Theaterveranstaltungen oder Kabarett.

Musikschule

An der 1979 gegründeten Musikschule werden über 1100 Schüler von 50 qualifizierten Musikpädagogen unterrichtet. Musikalische Laienbildung, musikpädagogische Breitenarbeit und Begabtenausbildung sollen gleichermaßen gefördert werden. In allen Stadtteilen besteht ein wohnortnahes Unterrichtsangebot für jedes Alter. Der Instrumentalunterricht, das musikalische Zusammenspiel in Ensembles, Musikfreizeiten sowie Kurse für Behinderte und Musiktherapie gehören zum breiten Spektrum der Musikschularbeit. Darüberhinaus werden zahlreiche Veranstaltungen, wie öffentliche Vorspielabende, Musikschulkonzerte, Konzerte ausländischer Gastensembles und Musikschulfeste durchgeführt. In Zusammenarbeit mit Vereinen wirken Musikschulgruppen bei Festen in der Stadt mit.

Volkshochschule

Die städtische Volkshochschule Leinfelden-Echterdingen stellt sich mit ständig ergänzten Angeboten an Kursen, Vorträgen und Exkursionen auf die steigende Nachfrage ein. Neben wechselnden Themenschwerpunkten finden sich viele Angebote aus verschiedenen interessanten Bereichen des Lebens, vom Sprachkurs über Vorträge und Exkursionen bis hin zum Yoga-Kurs.

Eine Besonderheit sind die zahlreichen gefragten Kurse zur beruflichen Weiterbildung, besonders im Bereich der neuen Technologien. Auch durch Veranstaltungen zur politischen Bildung wird die soziale Funktion der VHS deutlich. Sie leistet damit einen wesentlichen Beitrag zur Integration der Bürger in den vier Stadtteilen.

Für Senioren gibt es besondere Angebote, die speziell auf die Interessen dieser immer wichtiger werdenden Altersgruppe zugeschnitten sind. Daneben gibt es zeitgemäße Themen wie einen Computer-Schnupperkurs oder Jazzgymnastik für Ältere. 1990 besuchten über 12 000 Teilnehmer über 700 Veranstaltungen.

Seit Oktober 1987 wird das in der Eichbergschule Musberg untergebrachte Stadtarchiv von einem hauptamtlichen Archivar geleitet. Hier werden die alten Archivbestände beherbergt, die aus der zum Teil mehrere Jahrhunderte währenden Tätigkeit der vier ehemaligen Teilorte erwachsen sind.

Neben für die Geschichte des Filderraums wichtigen Quellen unterhält das Archiv verschiedene im Aufbau begriffene Sammlungen, sowie das Archiv der GDL/Fotografische Akademie.

Miteinander:
Jung und Alt

Kinder und Senioren haben einen besonderen Platz in Leinfelden-Echterdingen.
Unten links: Die Altenwohnanlage »Haus Sonnenhalde« in Musberg.
Ganz unten: Mütter basteln mit ihren Kindern in einem der zahlreichen Kindergärten.

Großes Bild: Attraktiver Kinder-
spielplatz in Oberaichen.
Oben: Beim Sportzentrum Leinfelden. Unten rechts: Großer Pokal
für »kleine Sieger«.

Abenteuer inbegriffen

Eine Besonderheit der Stadt sind zwei Abenteuerspielplätze: Die Jugendfarm in Echterdingen (großes Bild) und der Aktivspielplatz in Musberg. Der »Aki« (Mitte links) war eine der ersten Einrichtungen dieser Art. Trägervereine und einfallsreiche Betreuer kümmern sich mit viel Ideen und Begeisterung um die Kinder.

Der Umgang mit Tieren, vor allem mit Pferden, aber auch das Bauen der eigenen Hütte stehen im Mittelpunkt.

Die Stadtbibliothek

In allen vier Stadtteilen (unten: Bilder aus Musberg) gibt es dezentrale Büchereistellen mit einem großen Angebot an Büchern, Zeitschriften, Spielen und Kassetten. Regelmäßig finden Veranstaltungen, Lesungen und die beliebten Vorlesestunden für die Kinder statt.

In Leinfelden wird die Bibliothek künftig in der neuen Ortsmitte schöne und funktionale Räume erhalten, die Echterdinger Zehntscheuer wird Heimat für die Stadtteil-Bücherei.

Bildung

Verteilt auf die vier Stadtteile gibt es in Leinfelden-Echterdingen 18 Kindergärten. Sechs Grundschulen im Stadtgebiet können die jüngeren Schüler ohne lange Schulwege erreichen.

Das Angebot an weiterführenden Schulen ermöglicht eine individuelle Wahl des Bildungsweges: Es gibt drei Hauptschulen, eine Realschule und zwei Gymnasien.

Zu Lehrgängen im Berufsgenossenschaftlichen Schulungsheim in Oberaichen versammeln sich ständig Fachleute aus dem ganzen Bundesgebiet.

Filderhalle

Die an der künftigen S-Bahn-Halte-stelle zentral gelegene Filderhalle bietet genug Platz für Veranstaltun-gen aller Art. Von der Konferenz im kleinen Rahmen bis zum glanz-vollen Ballereignis – fast jeder Wunsch kann in freundlicher Atmosphäre erfüllt werden. Das weithin geschätzte und modern ausgestattete Ausstellungs- und Tagungszentrum bietet persönlichen Service und gute Gastronomie im »Filderämtle«.

Im Großen Saal mit Bühne und Galerie finden über 1000 Personen, im Kleinen Saal 400 Personen Platz; dazu kommen noch zwei schöne Foyers, die gleichzeitig als Ausstellungsräume konzipiert sind.

Heimliche Hochburg
der Fotografie

Festakt und Ausstellungseröffnung
zur Vergabe der David-Octavius-
Hill-Medaille an den spanischen
Fotokünstler und Fototheoretiker
Joan Fontcuberta (links) durch
OB Fischer und Prof. Gottfried
Jäger, Präsident der Fotografischen
Akademie, April 1988.
Unten: Ein Beispiel für die Sach-
fotografie Willi Moegles.

Die Fotografische Akademie GDL ist aus der 1919 gegründeten Gesellschaft Deutscher Lichtbildner hervorgegangen. Sie wurde 1987 rechtskräftig konstituiert und hat ihren Sitz in Leinfelden-Echterdingen, das sich beim Aufbau der Akademie in besonderer Weise engagiert hat. Die Akademie stellt die künstlerischen Belange der Fotografie in ihren Mittelpunkt und möchte diese Kunstform studieren und weiterentwickeln. Durch die Berufung in ihren Kreis würdigt die Akademie künstlerische, wissenschaftliche und publizistische Leistungen, die durch fotografische Werke oder Veröffentlichungen sichtbar geworden sind. Der in Leinfelden-Echterdingen ansässige und international anerkannte Fotograf Willi Moegle (1897–1989) hat sich in hohem Maße um die Zusammenarbeit zwischen Akademie und Stadt verdient gemacht. Er war selbst Mitglied und Ehrenmitglied der Gesellschaft und wurde 1978 für

sein außergewöhnliches fotokünstlerisches Werk mit der begehrten David-Octavius-Hill-Medaille ausgezeichnet. Die Medaille wurde seit 1955 in wechselndem Rhythmus mehr als zwanzig Mal an Persönlichkeiten der Fotografie vergeben und ist als einer der höchsten Preise für Fotokunst anerkannt. Seit 1988 ist sie mit dem Kunstpreis der Stadt Leinfelden-Echterdingen verbunden und wird von beiden Einrichtungen gemeinsam vergeben.

Willi Moegle 1988, portraitiert und
eine seiner freien Arbeiten: ein
Blick vom Ulmer Münster in den
30er Jahren.

Zum Beispiel:
Peter Grau

Seit Jahren leben zahlreiche Künstler-Innen in Leinfelden-Echterdingen. Einer von ihnen ist Peter Grau, 1928 geboren und Professor an der Staatlichen Akademie der Bildenden Künste in Stuttgart.

»Museum« (1988)
Aquarell und Japantusche auf Batist,
97 x 58 cm

Zum Beispiel:
Hans Hahn-Seebruck

Der bekannte Künstler wurde 1921
in Gültstein/Herrenberg geboren
und kam 1936 in die Seebrücken-
Mühle. Nach Kunststudium und
vielen Reisen lebt und arbeitet er
wieder in der Seebrücken-Mühle,
wo er seine Werke in der »Weißen
Scheune« zeigt.

Plastisches Objekt des Künstlers
vor dem Philipp-Matthäus-Hahn-
Gymnasium in Echterdingen.

Kulturstadt
auf den Fildern

Viel Beifall gibt es für Kunst, Musik und Theater in Leinfelden-Echterdingen: Schon in den 70er Jahren fand die junge Stadt Leinfelden mit ihren Straßenkunst-Aktionen große Beachtung. Eine Tradition, die weitergeführt wird: In Leinfelden steht auch Guido Messers Werk »Claque« (links im Ausschnitt).

Johannes Maier (1899–1987) gehörte zu den großen Künstlern am Ort. Für musikalische Begeisterung sorgt nicht nur die Jazz-Band der Musikschule, hier im Park der Filderhalle.

Kunstwerke bestimmen das Ortsbild von Leinfelden-Echterdingen: Unten der Brunnen zur Stadterhebung von Leinfelden 1969. In der Mitte Gottfried Gruners Wasser-Kunstwerk beim Sportzentrum Leinfelden. Rechts: In Oberaichen bemalten Schüler die Unterführung zur S-Bahn-Station. Unten rechts: Detail aus Franziska Beckers »Gefangen« vor der Filderhalle.

Kunst zum Ausleihen:
Die Städtische Galerie

Höhepunkt der Kunstaktivitäten
war sicher die umfangreiche
Ausstellung mit Arbeiten von
Victor Vasarely in der Filderhalle.
Vasarely lebt und arbeitet in
Gordes nahe der Partnerstadt
Manosque in der Provence.
Neben dem Erfolg blieb ein Erinne-
rungsfoto: Kulturamtsleiter Melters,
Bürgermeister Häussler, der Künst-
ler und der damalige OB Schweizer.

Vielbeachtet und gefragt ist auch die jährliche Bilderbank, auf der jeder Bürger Kunstwerke ausleihen kann.

Seit Jahren gibt es in der Städtischen Galerie auch Ausstellungen von lokalen Künstlern. Walter Schimpf hält die Geschichte Leinfelden-Echterdingens und der ganzen Filder in seinen Bildern fest, hat aber auch Kirchen und Schulen künstlerisch gestaltet.

Viele Kultur- und Kunstveranstal-
tungen basieren auf dem Engage-
ment der Bürger: Der Abenteuer-
spielplatz »Aki« versteigert gestiftete
Kunstwerke zu Gunsten der Kinder.
Der Kunstkreis '83 stellt auch in
der Filderhalle bemerkenswerte
Kunst aus.
In Musberg ist das »Alte Rathaus«
Heimat des Kunstvereins und viel-
gelobter Ausstellungs- und Klein-
kunst-Ort.

Deutsches Spielkarten-Museum

Seit 1982 ist die Stadt Leinfelden-Echterdingen Träger des Deutschen-Spielkarten-Museums, das zu den Zweigmuseen des Württembergischen Landesmuseums Stuttgart gehört und weltweites Ansehen genießt.

Es ist das einzige seiner Art in der Bundesrepublik und beherbergt ein breites Spektrum von nationalen und internationalen Spielkarten. Neben den europäischen werden indische, chinesische, japanische und persische Karten gesammelt. Die Lehr- und Wahrsagekarten nehmen in der Sammlung einen breiten Raum ein, auch Literatur, Zubehör und vieles mehr werden gezeigt.

So wird hier im Museum ein Alltagsgegenstand zu einem faszinierenden Spiegel der Vergangenheit. Die bunten Kartenbilder geben Zeugnis über das kulturelle und historische Geschehen, aber auch über die Geschichte der handwerklichen und industriellen Herstellung ihrer Entstehungszeit.

In jährlich wechselnden Ausstellungen werden die vielfältigen Themen aus der umfassenden Geschichte der Spielkarten aufgearbeitet, und die zu den Ausstellungen erscheinenden Kataloge zeigen den derzeitigen Stand der Forschung an. Die Ausstellungseröffnungen des Spielkartenmuseums sind längst Treffpunkt für die internationalen Freunde der Spielkarten geworden.

Es gibt kaum ein Land der Erde, mit dem kein Kontakt besteht und man muß kein passionierter Kartenspieler sein, um den Alltagsgegenstand »Spielkarte« als reizvolles und lehrreiches Stück Kultur- und Geistesgeschichte für sich zu entdecken.

Germania auf Herz-Daus aus der »Deutschen Einheitskarte« von 1862, Leipzig, Stahlstich, mit Schablonen koloriert.

Indische Spielkarten aus Elfenbein, 19. Jahrhundert.

Enten-Ober aus dem »Stuttgarter Kartenspiel«, dem ältesten bis heute erhaltenen Spiel, Südwestdeutschland, 1427–30, handgemalt.

Aus dem japanischen »Hundertdichterspiel«, 17. Jahrhundert, handgemalt mit nach vorn überzogener, vergoldeter Rückseite.

Die Mäulesmühle:
Denkmal
der Vergangenheit

Der Mahlraum mit einer der
ältesten Mühleneinrichtugnen in
Süddeutschland.

Die erste urkundliche Erwäh-nung der Mäulesmühle wird auf das Jahr 1383 datiert, wo im Zuge der planmäßigen Ausnutzung der Wind- und Wasserkräfte die Entwicklung der Mühlen begann. Der »reiche« Reichenbach erfüllte in idealer Weise die Voraus-setzungen für den Mühlen-bau, und zeitweise gab es im Tal vermutlich 12–13 Müh-lenstandorte. Nach einer über die Jahrhunderte wech-selvollen Geschichte entstand die Mühle in ihrer heutigen Bauform 1819 unter dem damaligen Besitzer Georg Burkhardt. 1857 geht sie in den Besitz der Familie Graf über, die in drei Generatio-nen bis zum Jahr 1945 das Müllerhandwerk fortführt. Nach 1945 diente die Mühle nur noch als Wohnhaus, aber der Verfall ist nicht mehr aufzuhalten. 1961 erwirbt die Stadt Leinfelden das Anwe-sen in mittlerweile schlech-tem baulichen Zustand. Im Jahr 1978 faßte der Gemeinderat der neuen Stadt Leinfelden-Echterdingen den Grundsatzbeschluß zur Er-

neuerung der Mühle. Der bis hin zu den Fundamenten katastrophale Zustand des Bauwerkes machte es not-wendig, die Mühle zuerst Schritt für Schritt abzutragen und dann nach bester hand-werklicher Tradition wieder aufzubauen.
Mit hohem finanziellen Auf-wand wurde so ein Stück lebendige Ortsgeschichte und bauliches Kleinod auf der Gemarkung Musberg für die Nachwelt erhalten. Neben Theater und Gastronomie findet sich heute in der Mühle ein Museum. Es gibt einen Einblick in die Lebens- und Arbeitwelt des Müllers und würdigt die 600jährige Tradition des Handwerks an diesem Standort.

Das bis ins Detail liebevoll restaurierte Handwerkszeug des Müllers. Ganz unten: Das oberschlächtige Wasserrad von über viereinhalb Metern Durchmesser.

Theater in der Mäulesmühle: Kommedescheuer und Mühlenbrettl

Schon über 20 Jahre gibt es in der Theaterscheuer der Mäulesmühle das Mundart-Theater »Kommedescheuer«. Seit vielen Jahren »verklemmt nix«, wenn Otto und Albin Braig mit ihrem Ensemble schwäbische Dramen spielen. Ein Jahr im voraus ist das durchs Fernsehen längst überregional bekannte Mühlentheater ausgebucht.

Nebenan gibt es seit einiger Zeit auch Kleinkunst im »Mühlenbrettl« – mitten im Mühlenmuseum. Einen Stock höher sorgt das »Mühlenstüble« mit Blick auf das alte Mahlwerk für Speis und Trank. Derb und deftig geht's in der Mühle dabei des öfteren zu.

Theater
unter den Kuppeln

Das Stettener Naturtheater überzeugt schon lange mit engagierter Theaterbegeisterung. Unter den drei Kuppeln einzigartiger Architektur und im Anneliese-Mörike-Saal arbeiten über hundert aktive Mitglieder für großartige Broadway-Shows, Musicals, Ballett-Aufführungen und eine ganze Reihe Theaterstücke: »Der Zauberer von Oos« oder »Meister Eder und sein Pumuckl«.

Jedes Jahr kommen über 40 000 Besucher zu den Vorstellungen. Unterstützt von der Stadt arbeiten alle Mitwirkenden ehrenamtlich – und wer mitspielen will, muß auch beim Bühnenbau, hinter den Kulissen oder beim Nähen der Kostüme helfen. Für den Theaternachwuchs gibt es jede Menge Unterricht von Profis.

Städtepartnerschaften –
Blick über die Grenzen:
Manosque
York
Poltawa
Greiz

Schon seit 1974 gibt es zwischen Leinfelden-Echterdingen und Manosque in der Provence eine mustergültige Städtepartnerschaft, die vom Europarat mit der Europaflagge ausgezeichnet wurde.

Beachtlich ist die Begeisterung der Bürger in beiden Städten, die eine lebendige Freundschaft von Jung und Alt geschaffen haben. Auf allen Gebieten zwischen Kultur und Sport gibt es jedes Jahr ein intensives Besuchsprogramm. In Leinfelden trägt sogar ein Neubaugebiet den Namen der Partnerstadt. Viele Schulklassen sind inzwischen zu Besuch in der Partnerstadt gewesen. Klar, daß besonders die Schüler gerne in die Provence fahren: Cafés und wunderschönes Wetter begeistern – beim Einsteigen in den Bus gibt es deshalb auch meist Tränen zum Abschied. Vor einigen Jahren gab es sogar eine erste Hochzeit mit Bräutigam aus Leinfelden und Braut aus Manosque.

Auch die wirtschaftlichen Kontakte der Partnerstädte konnten in den letzten Jahren ausgebaut werden. Neben dem von der Stadt getragenen offiziellen Besuchsprogramm kamen viele private Aktivitäten zustande. Vieles ist inzwischen zur lieben Selbstverständlichkeit geworden – zu einer Partnerschaft der Bürger.

Theatergruppe des
»Lycée Felix Esclangon« beim
Auftritt in Leinfelden-Echterdingen.

Viele Freunde hat Leinfelden-Echterdingen auch in der amerikanischen Stadt York inmitten des süd-zentralen Berglandes von Pennsylvanien. Im Mai 1989 wurde die Partnerschaft der beiden Städte offiziell besiegelt. Besonders durch die Aktivitäten des York-Pennsylvania-Clubs mit vielen gegenseitigen Besuchen sind die freundschaftlichen Beziehungen gereift.

Rechts: Das »County Colonial Court House«. Dort wurden 1777, im entscheidenden Jahr der amerikanischen Revolution Sitz des Kongresses, die 13 Artikel einer Konföderation und ewigen Union angenommen. Sie bildeten die Grundlage der künftigen Vereinigten Staaten von Amerika. Unten: Straßenszene in York.

Seit 1989 hat Leinfelden-Echterdingen, gemeinsam mit den Nachbarstädten Filderstadt und Ostfildern, einen neuen Partner: die 320 000 Einwohner zählende Stadt Poltawa in der Ukraine. Initiative und tatkräftige Unterstützung für dieses Projekt kam von der Regionalgruppe Filder der Deutsch-Sowjetischen Gesellschaft.

Begonnen haben die Partnerschaftsaktivitäten, nach der Unterzeichnung des offiziellen Vertrages, mit einem Schüleraustausch sowie einem Austausch von Kunstausstellungen, die eine begeisterte Resonanz fanden.

Rechts: Das »Musikalische Gebietsschauspielhaus«, eines der großen Theater der ukrainischen Stadt Poltawa. Das Schauspielhaus trägt den Namen von Nikolai Gogol, dem großen russischen Dichter.

Unten: Das Heimatkundemuseum von 1891, es beherbergt über 130 000 Ausstellungsstücke.

Greiz

Seit 1990 besteht eine Städteunion zwischen Leinfelden-Echterdingen und dem im Bereich Gera/Thüringen gelegenen Greiz, deren Ziel Hilfe und Unterstützung auf verschiedenen Gebieten sein soll. Greiz hat ca. 36 000 Einwohner und liegt im Schnittpunkt von fünf malerischen Seitentälern an der Weißen Elster.

Auf kulturellem Gebiet besonders erwähnenswert ist die umfangreiche Staatliche Bücher- und Kupferstichsammlung, die im ehemaligen Sommerpalais der Fürsten zu Reuß untergebracht ist.
Die Industrie wird vor allem durch mittelständische Unternehmen, wie textil- und metallverarbeitende sowie chemische Betriebe, geprägt.

Arbeitsplätze in der Stadt:
Handel,
Gewerbe
und Industrie

Leinfelden-Echterdingen ist auch ein begehrter Gewerbestandort. Über 1000 Betriebe, darunter einige Unternehmen mit Weltruf, bieten rund 18000 Arbeitsplätze in der Großen Kreisstadt. Darüber hinaus gibt es auch eine große Anzahl leistungsfähiger Handwerks- und Einzelhandelsbetriebe.

Menschen
bei der Arbeit

Die Gewerbegebiete in Leinfelden-Echterdingen sind stark durchgrünt, aufgelockert bebaut und strikt von den Wohngebieten getrennt.

Seit einiger Zeit bemüht sich die Industrie nicht nur um interessante Architektur, sondern auch um die verstärkte Berücksichtigung ökologischer Aspekte.

Die Gewerbegebiete weisen beste Verkehrsanbindungen auf. Leinfelden-Echterdingen liegt zwischen der B 27 und der B 14 mit direktem Anschluß an die A 8. Auch der Landesflughafen Stuttgart, der sich auf Leinfelden-Echterdinger Markung befindet, ist auf kürzestem Weg erreichbar. S-Bahn, Stadtbahn und Busse verbinden die Stadt mit Stuttgart und dem gesamten Mittleren Neckarraum.

Unten: Das Gewerbegebiet im Stadtteil Echterdingen.
Rechte Seite unten: Das Gewerbegebiet in Leinfelden.

Tor zur Welt

Der internationale Verkehrsflughafen Stuttgart verbindet Leinfelden-Echterdingen und den ganzen Südwesten Deutschlands mit allen europäischen Metropolen sowie Städten in Nordamerika.

Fast 3,9 Millionen Fluggäste wurden 1989 auf dem Landesflughafen gezählt; rund 60 000 Tonnen Luftfracht und fast 12 000 Tonnen Luftpost werden jährlich umgeschlagen. Jedes Jahr starten und landen mehr als 125 000 Flugzeuge in Echterdingen.

Auf dem Flughafen sind in mehr als 170 Unternehmen circa 3 800 Menschen beschäftigt. Bestehende Erweiterungs- und Ausbaupläne sind bei der Bevölkerung seit Jahren heftig umstritten.

Autoren

Danksagung

Bildnachweis

Impressum

<u>Uwe J. Reinhardt M. A.</u> studierte Empirische Kulturwissenschaft, Germanistik, Politikwissenschaft und Geschichte in Stuttgart und Tübingen, promoviert zum Dr. phil. und arbeitet seit Jahren als Kulturwissenschaftler und Freier Journalist.

<u>Thomas Linse</u>, Studium der Germanistik und Sportwissenschaft in Tübingen, arbeitet als Dozent und Freier Journalist für verschiedene Firmen und Institutionen.

Zusammen sind sie Autoren des Bandes »Heimat im Jahre 2000 – zum Beispiel Leinfelden-Echterdingen« und Partner im eigenen wissenschaftlichen Pressebüro in Leinfelden-Echterdingen.

Der Verlag dankt allen, die das Erscheinen dieses Buches unterstützt haben, insbesondere jedoch der Stadt Leinfelden-Echterdingen, Jürgen Beisswenger, Werner Dukek, Wolfgang Haug, Dr. Hans Huber, Prof. Gottfried Jäger, Dr. Bernd Klagholz, Antje Kober, Rudolf Melters, dem Aki Musberg, Hansi Müller-Schorp, Julia Oelgemöller, Prof. Bert Vees und Gerhard Wiegert.

Günter Bergmann (4)
Heimatmuseum Echterdingen (1)
Flughafen GmbH (2)
Hans-Jürgen Fuchs (155)
GDL/Fotografische Akademie/
Axel M. Mosler (2)
Dieter Heidtmann (2)
Sammlung Dr. Hans Huber (15)
Stadt Leinfelden Echterdingen (35)
Uwe J. Reinhardt (109)
Peter Stecher (7)
Stuttgarter Luftbild Elsässer (1)
Dr. Bert Vees (2)
Württ. Landesmuseum Stuttgart (5)

Herausgegeben von der Stadt Leinfelden-Echterdingen – Amt für Öffentlichkeitsarbeit.

ISBN 3-87181-266-8
© 1991 by DRW-Verlag Weinbrenner GmbH & Co., Leinfelden-Echterdingen.

Gestaltung:
Berthold Gauder und Peter Stecher
Satz und Druck:
Karl Weinbrenner & Söhne GmbH & Co., Leinfelden-Echterdingen

Bestellnummer: 266